SCM

Stiftung Christliche Medien

Gesamtgestaltung: Miriam Gamper | Essen | www.dko-design.de
Fotos und Illustrationen: © Shutterstock
Druck und Bindung: Dimograf
Gedruckt in Polen
ISBN 978-3-7893-9537-6
Bestell-Nr. 629.537

Stephan Volke

Bei dir zu Hause sein

Geborgenheit erfahren

gestaltet von Miriam Gamper

SCM Collection

Ein Platz, der sich Zuhause nennt

Jeder Mensch braucht einen Platz, an dem er sich geborgen fühlt. Ein Bett, in dem er gerne schläft, einen Tisch, an dem es etwas zu essen gibt, einen Raum, der im Winter Wärme gibt, und ein Dach, das ihn vor Regen schützt.
Jeder Mensch braucht einen Platz, an dem er sich sicher fühlen kann. Sicher vor Angriffen von außen, sicher vor anderen Menschen, die einem nicht liegen, sicher vor Gefahren, wenn es dunkel wird. Einen Raum, der angstfrei ist.
Jeder Mensch braucht einen Platz, an dem er Räume gestalten kann. Nach eigenen Wünschen, nach dem eigenen Geschmack, so wie er es gerade haben möchte. Einen Platz, der Schönheit ausstrahlt und der ihm das Gefühl vermittelt, angekommen zu sein.
Jeder Mensch braucht einen Platz, an dem er so sein darf, wie er ist. Ohne sich verstellen oder immer korrekt sein zu müssen. Einen Platz, an dem er einfach so sein darf, wie er sich fühlt.

Es gibt diesen besonderen Platz – auch für dich!

Wir nennen ihn Zuhause.

Und er sprach: Komm herein, du Gesegneter des Herrn!
Warum stehst du draußen? Ich habe das Haus bereitet.

1. Mose 24,31a

Sie lassen sich finden: Orte der Geborgenheit

Orte die Geborgenheit
und fahre deine Antennen aus.
Du wirst sie sicher finden,
die Orte der Geborgenheit.

Du brauchst ein Gefühl dafür,
denn nicht immer sind sie klar und deutlich.
Manchmal versteckt,
manchmal verborgen
hinter anderen Dingen.
Nicht offensichtlich und
sofort erkennbar
liegen sie:
die Orte der Geborgenheit.

Orte die Geborgenheit
und stelle deine Navigation auf sie ein.
Es sind nicht die Schnellstraßen,
die dich sicher dahin führen.
Auf verschlungenen Wegen,
über Täler und Höhen,
fernab des großen Stroms,
dem alle folgen,
aber mitten durch
den Alltagsdschungel
führt der Weg,
der dich zum Ziel führt.
Du wirst sie sicher finden:
die Orte der Geborgenheit.

WELCOME

Aus gutem Hause

Geborgenheit hat immer eine individuelle Note. Sie ist eine Persönlichkeit aus einer angesehenen Familie. Übrigens ist das Wort „Geborgenheit" kaum richtig in andere Sprachen zu übersetzen. Die Engländer versuchen es mit security, die Franzosen mit sécurité, die Italiener mit sicurezza und die Spanier nennen es seguridad. Alle diese Übersetzungen drücken aber mehr das aus, was wir mit „Sicherheit" umschreiben würden. Das ist jedoch nur ein Aspekt von Geborgenheit.
Sie scheint also typisch deutsch zu sein, die Geborgenheit. Ist aber nicht ganz richtig, denn die Sehnsucht nach Geborgenheit ist nicht typisch deutsch, sondern typisch menschlich.
Wir alle sehnen uns nach Geborgenheit, ob wir diesen Begriff dabei gebrauchen oder nicht. Das Urbedürfnis liegt in uns allen. Und die meisten Menschen haben sie auch schon erlebt: zuerst im Mutterleib, danach in den Armen unserer Eltern, dann vielleicht im Familien- oder Freundeskreis. Deshalb denken viele Menschen an zu Hause, wenn sie über Geborgenheit sprechen.
Sie kommt aus gutem Hause, die Geborgenheit. Und sie hat viele Geschwister, mit denen sie im Normalfall gerne gemeinsam ausgeht:

Geborgenheit und Liebe / Geborgenheit und Trost / Geborgenheit und Wärme / Geborgenheit und Halt / Geborgenheit und Vertrauen / Geborgenheit und Orientierung / Geborgenheit und Freundschaft / Geborgenheit und Schutz / Geborgenheit und Ruhe / Geborgenheit und Frieden / Geborgenheit und Nähe / Geborgenheit und Identität / Geborgenheit und Heimat / Geborgenheit und Sicherheit / Geborgenheit und Zuneigung

Was verbindest du mit Geborgenheit? Einen Ort, ein Gefühl, eine Gewissheit, eine Lebenseinstellung, einen Wunsch, eine Sehnsucht?
Machen wir uns doch einfach mal gemeinsam auf die Suche. Wir werden herausfinden, was es mit der Geborgenheit auf sich hat. Am besten fangen wir mit unseren Sehnsüchten und Wünschen an ...

Die Sehnsucht bringt uns in Bewegung

Am Anfang steht die Sehnsucht, die dir zeigt, dass es etwas gibt, das du dringend brauchst: Geborgenheit. Vielleicht hilft dir die Erfahrung, vielleicht das Erlebnis, vielleicht der Wunsch, vielleicht die Illusion. Aber es ist keine Utopie, kein Hirngespinst und keine fixe Idee. Du kannst sie erfahren: Geborgenheit.
Manchmal ist sie wie ein kleines Senfkorn, das wächst und seine Sprengkraft entwickelt. Die Wirkung wird befreiend sein, denn Geborgenheit kann negative Gefühle wie Einsamkeit, Trostlosigkeit und Hoffnungslosigkeit beseitigen. Und du wirst erleben, dass die dicken Mauern um dich herum gesprengt werden. Diese Mauern, die dich vom eigentlichen Leben trennen. Die Mauern, die dir sagen wollen: Du musst in deinen Grenzen bleiben, du wirst nichts Neues mehr erleben, es wird alles so langweilig und trostlos bleiben, wie es ist.
Geborgenheit bedeutet nicht, eingeengt zu leben. Das Gegenteil ist der Fall. Wer geborgen ist, dem öffnen sich neue Räume, der kann vieles neu entdecken. Du wirst dich wieder wohlfühlen, die Sehnsucht wird gestillt, du darfst ankommen, zu Hause sein. Und dieser Ort ist kein dunkles Kellerverlies, sondern ein offenes Haus mit viel Platz für Träume, Menschen, Freunde – und für Gott.
Der englische Schriftsteller C.S. Lewis hat es einmal so beschrieben: „Wir sind von einer Heimatlosigkeit getrieben – und doch haben wir eine sehr konkrete Vorstellung davon, was Heimat für uns bedeutet."

Deine Heimat ist dort, wo dein Herz ist. Deine Heimat ist da, wo dein eigentlicher Ursprung ist. Deine Heimat ist dort, wo du hingehörst.

Euer himmlischer Vater kennt eure Bedürfnisse.

Matthäus 6, 32b

Die zwei Seiten

Glück und Geborgenheit
kann man nicht erzwingen.
Sie kommen wie ein Überraschungsgast,
stehen plötzlich vor der Tür,
halten sich nur kurz bei uns auf
und verschwinden wieder.
Bis sie dann – vielleicht schon bald,
vielleicht auch erst später –
wieder vor der Tür stehen
und um Einlass bitten.

Glück und Geborgenheit
sind Familienmitglieder,
die einen nur mal von Zeit zu Zeit verlassen,
um woanders neue Erfahrungen zu sammeln.
Wenn sie zurückkommen,
erfrischen sie uns neu
und bereichern unser Leben.
Und wir werden uns fühlen,
als seien sie die ganze Zeit
bei uns gewesen.

Wo Geborgenheit zu finden ist

Eine Geschichte erzählt von zwei Mönchen. Die Mönche hatten in einem alten Buch gelesen, es gäbe einen Ort, an dem der Himmel und die Erde sich berühren. Sie beschlossen, diesen Ort zu suchen und nicht umzukehren, ehe sie ihn gefunden hätten. Sie durchwanderten die Welt, überstanden unzählige Gefahren, erlitten alle Entbehrungen, die eine Wanderung durch die ganze Welt fordert, und widerstanden allen Versuchungen, die einen Menschen vom Ziel abbringen können. An diesem Ort gäbe es eine Tür, so hatten sie gelesen, man brauche nur anzuklopfen und befinde sich bei Gott.
Schließlich fanden sie, was sie suchten. Sie klopften an die Tür; bebenden Herzens beobachteten sie, wie sie sich öffnete, und als sie eintraten, standen sie zu Hause in ihrer Klosterzelle.
Da begriffen sie: Der Ort, an dem Himmel und Erde sich berühren, befindet sich auf dieser Erde an der Stelle, die Gott uns zugewiesen hat.
Ankommen, wo wir wirklich zu Hause sind. Wie oft befindest du dich auf der Flucht: vor dir selbst, vor anderen Menschen, vor widrigen Umständen, vor Gott?
Vielleicht suchst du etwas, das es schon in deinem direkten Umfeld gibt, ohne dass du es bisher wahrgenommen hast. Wo findest du, was du suchst?

Wenn du aber dort den Herrn, deinen Gott,
suchen wirst, so wirst du ihn finden,
wenn du ihn von ganzem Herzen und von
ganzer Seele suchen wirst.

5. Mose 4,29

Viel wichtiger als alle unsere eigenen Bemühungen ist es,
von einem suchenden Gott gefunden zu werden.

Brennan Manning

Türen gehen auf …

Türen haben etwas Eigenartiges an sich. Manchmal trennen sie dich vom wirklichen Leben. Das findet nämlich nicht unbedingt in deinen eigenen vier Wänden statt, sondern wartet manchmal draußen – vor der Tür.
Wenn es an deiner Tür klopft oder wenn jemand klingelt, stellt sich immer wieder neu die Frage: Machst du die Tür auf, auch wenn du nicht weißt, wer da zu dir kommen will? Weil viele Menschen keine Überraschungen mögen oder sicher sein wollen, dass sie nur die „richtigen Leute" ins Haus lassen, haben sie Video- oder Gegensprechanlagen, oder sie schützen sich mit dem kleinen Türspion, der es möglich macht, vorher schon mal einen Blick auf den Besucher zu werfen. Manchmal sind wir in den eigenen vier Wänden auf der Flucht. Wir wollen unsere Ruhe und sind dabei ruhelos, unzufrieden und aufgeregt.

Mit Gästen, die länger bleiben, ist es noch einmal eine andere Sache. Wer bei uns übernachtet, bekommt einen tieferen Einblick in unser Privatleben. Wollen wir das wirklich?

Jesus setzt noch einen drauf. Er möchte bei dir persönlich wohnen. Er möchte das Zentrum deines Lebens sein. Aber er tritt nicht deine Türen ein. Das entspricht nicht seinem Wesen. Er klopft und wartet, so wie es in der Offenbarung in Kapitel 3, Vers 20 steht: „Siehe, ich stehe vor der Tür und klopfe an. Wenn jemand mich rufen hört und die Tür öffnet, werde ich eintreten, und wir werden miteinander essen." Und Jesus bringt etwas mit, das du gut gebrauchen kannst: Geborgenheit durch Gemeinschaft.

Ich lasse euch ein Geschenk zurück – meinen Frieden.
Und der Friede, den ich schenke,
ist nicht wie der Friede, den die Welt gibt.
Deshalb sorgt euch nicht und habt keine Angst.

Johannes 14,27

Auf die Wurzeln kommt es an

Wurzeln sind wichtig – nicht nur bei Bäumen, Pflanzen oder Büschen. Wir Menschen müssen ebenfalls verwurzelt sein. Damit wir in den Stürmen des Alltags stehen bleiben und nicht direkt umknicken, wenn der Wind etwas stärker weht. Wo liegen deine Wurzeln? Sind es Flachwurzeln, die eher an der Oberfläche sind, oder sind deine Wurzeln tief und fest?
Du kannst Wurzeln schlagen in deiner Familie, in deinem Zuhause, in deiner Heimat, deinen Beziehungen. Verschiedene Einflüsse sind es, die die Wurzeln wachsen lassen: die eigene Erziehung, die Bildung, die wir genossen haben, oder Erfahrungen und Erlebnisse.
Deine Wurzeln sollen stark und gesund sein. Sie erhalten dich am Leben und sorgen für gute Nahrung. Wenn sie aber in schlechtem Boden stehen, muss umgepflanzt werden. Das gilt auch in Bezug auf das Glaubensleben.
Die Christen in Kolossä werden von Paulus aufgefordert, im richtigen Boden verwurzelt zu sein: „Wie ihr nun Christus Jesus als euren Herrn angenommen habt, so lebt auch mit ihm und seid ihm gehorsam. Senkt eure Wurzeln tief in seinen Boden und schöpft aus ihm, dann werdet ihr im Glauben wachsen und in der Wahrheit, in der ihr unterwiesen wurdet, standfest werden. Und dann wird euer Leben überfließen von Dankbarkeit für alles, was er getan hat" (Kolosser 2,6-7).
Je tiefer du verwurzelt bist und je besser der Nährboden ist, umso bessere Früchte wirst du bringen. Es bedarf dabei dann gar keiner besonderen Anstrengung mehr und du musst dich nicht mehr verausgaben. Es geschieht wie von selbst, ganz natürlich und ganz normal.

Nicht du trägst die Wurzel,
sondern die Wurzel trägt dich.

Römer 11,18b

40

Psalm 16

Beschütze mich, Gott, denn ich flüchte mich zu dir! Ich habe zum Herrn gesagt: „Du bist mein Herr, mein Glück finde ich allein bei dir." An den Gottesfürchtigen und an denen, die Gott vertrauen, habe ich große Freude. Die andere Götter verehren, werden viele Sorgen haben. An ihren Opfern will ich nicht teilnehmen und die Namen ihrer Götter nicht einmal in den Mund nehmen.

Herr, du allein bist mein Besitz, mein Becher, angefüllt mit Segen. Du bewahrst mein Erbe. Das Land, das du mir geschenkt hast, ist ein schönes Land und ein wunderbarer Besitz! Ich will den Herrn loben, der mich beraten hat. Sogar in der Nacht werde ich an seinen Rat erinnert. Ich weiß, dass der Herr immer bei mir ist. Ich will nicht mutlos werden, denn er ist an meiner Seite.

Darum ist mein Herz erfüllt mit Freude, und mein Mund lobt ihn mit lauter Stimme. Auch mein Körper ruht sicher. Denn du wirst deinen Heiligen nicht im Grab verwesen lassen und wirst nicht dulden, dass dein Gottesfürchtiger im Grab verwest. Du wirst mir den Weg zum Leben zeigen und mir die Freude deiner Gegenwart schenken. Aus deiner Hand kommt mir ewiges Glück.

Wem du glauben kannst

Glaube ihnen nicht, wenn sie sagen,
dass sie Geborgenheit geben.
Glaube ihnen nicht, wenn sie versprechen,
Waren produzierten Sicherheit,
wenn sie dir vorgaukeln,
dass Glück und Zufriedenheit
käuflich sind.

Glaube ihnen nicht, wenn sie vorgeben,
für dauerhaftes Glück zu sorgen,
wenn du ihnen nur dein Geld anvertraust.
Glaube nicht den Werbesprüchen,
die dir vorspiegeln, alles sei in Ordnung,
wenn du dies oder das erst mal besitzt.
Glaube ihnen nicht, wenn sie dir versichern,
ihre Versicherungen seien sicher.

Glaube ihnen nicht, wenn sie sich aufspielen,
als seien sie Gott und könnten garantieren,
dass du gesund, glücklich
und vor allem Unheil
bewahrt leben könntest.
Glaube ihnen nicht, wenn sie meinen,
sie könnten dir bieten,
was du wirklich brauchst.

Glaube ihm, wenn er dir versichert,
immer bei dir zu sein
bis ans Ende der Welt.

Glaube ihm, wenn er dir sagt,
du sollest dich nicht so viel sorgen,
weil er für dich sorgen wird.

Glaube ihm, wenn er dir verspricht,
auf dich zu achten
und für deinen Schutz
zu sorgen.

Denn:

Er allein ist der Schöpfer der Welt,
der auch dich erschaffen hat.
Er allein kann dich versorgen
mit allem, was du wirklich brauchst.
Er allein weiß genau, was dir hilft.
Er allein möchte dein
Helfer, Förderer, Versorger, Fürsorger,
Schutzgeber
und Heiland sein.
Er allein hat die Macht dazu.
Denn er allein ist Gott.
Der Einzige, der Wahre und der Ewige.

Sich einfach aussprechen können

Ich brauche jemanden, mit dem ich ganz offen und ehrlich sprechen kann. Es gibt viele Situationen im Leben, in denen ich Hilfe brauche und mit jemandem sprechen muss, der mich auf andere Gedanken bringt. Manchmal kann ich meine Gedanken an denen des anderen spiegeln und gewinne dadurch eine völlig neue Sichtweise.

Vor vielen Jahren gab es in Deutschland eine Plakatkampagne mit sehr nachdenkenswerten Aussagen. Eine davon war: „Gott hört uns zu. Warum sollten wir uns dann nicht bei ihm aussprechen?"

Es gehört zu den schönsten Erfahrungen meines Lebens, wenn ich feststellen darf, dass Beten tatsächlich hilft, dass Gott tatsächlich auf meine Gebete antwortet, dass ich ihm nicht egal bin, sondern dass er sich mir zuwendet, wenn ich mich an ihn wende.

Das Gebet ist die kürzeste Verbindung zwischen Menschen und Gott. Das Beten ist für einen Christen so wichtig wie das Atmen für den Körper. Atmen hält uns physisch am Leben und das Gebet hält unseren Glauben lebendig. Und Gott hat versprochen, dass er seine Ohren nicht verschließt, wenn wir uns bei ihm aussprechen.

Gott hört uns zu! Es tut einfach gut, sich mal alles von der Leber zu reden. Versuch es einfach mal. Du wirst feststellen, wie gut dir das tut!

Bittet, und ihr werdet erhalten. Sucht, und ihr werdet finden.
Klopft an, und die Tür wird euch geöffnet werden. Denn wer bittet,
wird erhalten. Wer sucht, wird finden. Und die Tür wird jedem geöffnet, der anklopft.
Ihr Eltern – wenn euch eure Kinder um ein Stück Brot bitten,
gebt ihr ihnen dann stattdessen einen Stein? Oder wenn sie euch um einen Fisch bitten,
gebt ihr ihnen eine Schlange? Natürlich nicht! Wenn ihr, die ihr Sünder seid,
wisst, wie man seinen Kindern Gutes tut, wie viel mehr wird euer Vater im Himmel
denen, die ihn darum bitten, Gutes tun.

Matthäus 7,7-11

Von Wahrheiten zu Wahrheiten

Ja, es stimmt, du hast es dir nicht ausgesucht:
wo du geboren wurdest, wie du aufgewachsen bist,
in welchem Umfeld du bisher gelebt hast.

Ja, es stimmt, vielleicht ist nicht alles gut gelaufen
und vielleicht haben nicht alle alles richtig gemacht.

Ja, es stimmt, manchmal bist du wie ein Gestrandeter
in Lebenssituationen hingeworfen worden.
Du fühltest dich wie ausgesetzt, von allen verlassen,
und auf dich allein gestellt.

Ja, es stimmt, du wurdest nicht gefragt,
ob du unter diesem Himmel, auf dieser Erde,
unter diesen Umständen
und in dieser Situation
leben willst.

Ja, es stimmt, du hast noch viele Fragen,
warum, weshalb, wozu und wie
alles sich so entwickelt hat,
wie es jetzt ist.

Doch auch das stimmt:
Einer wollte, dass du lebst. Er hat dich erschaffen,
und dich mit seiner Liebe ins Leben gerufen.

Ja, es stimmt, er hat Antworten auf deine Fragen.
Ja, es stimmt, er hat dich ganz bewusst unter diesen Himmel,
auf diese Erde und in diese Situationen gestellt.
Weil er dich liebt und dir etwas sagen möchte.

Ja, es stimmt, er nimmt dich bei sich auf
und gibt dir einen Zufluchtsort
unter dem Schatten seiner Flügel.
Ja, es stimmt, er heilt gebrochene Herzen
und verbindet deine Wunden.

Der Herr hilft denen,
die ihm vertrauen,
er ist ihre Zuflucht in Zeiten der Not.

Psalm 37,39

Worauf du sicher bauen kannst

Wer ein Haus bauen will, hat viele Fragen zu klären. Wird es sicher stehen? Was ist der beste Standort? Wie soll die Zimmeraufteilung sein und welchen Stil soll mein Haus haben? Bei all diesen Fragen ist aber eine die wichtigste: Wie stabil ist das Fundament? Baue ich auf Felsen oder im Sumpfgebiet?
Auch wenn wir darüber nachdenken, wie unser Lebenshaus beschaffen sein soll, stellen sich ähnliche Fragen. Worauf bauen wir? Ist vielleicht die Fassade schön und alle denken, unser Haus sei stabil, aber beim ersten großen Sturm kracht alles zusammen?
Wer stabil bauen will, braucht einen sogenannten Eckstein, einen festen Stein, auf den alles aufgebaut ist und der uns Stabilität verleiht. Einen Stein, mit dem alles beginnt und nach dem sich alles andere ausrichtet. Das gilt auch für das Lebenshaus. Die beste Bauanleitung für dieses Haus finden wir im Buch der Bücher: in der Bibel. Der Erfinder des Lebens, der Schöpfer der Welt hat festgelegt, wer für uns der Eckstein sein soll: Jesus. Dieser sagt über sich selbst: „Ich bin der Weg, die Wahrheit und das Leben. Niemand kommt zum Vater außer durch mich."
Ist Jesus der Eckstein in deinem Leben, der Halt? Oder vielleicht nur ein Zierstein, der die Fassade schmückt? Oder eine Bodenfliese, auf der du rumtrampeln kannst, wenn die Statik deines Lebenshauses mal wieder nicht stimmt und es zusammenzubrechen droht?

Wenn du Jesus als Grundorientierung deines Lebens hast, bekommst du Stabilität und Sicherheit. Er ist der Fels, auf den es sich zu bauen lohnt.

Deshalb seid ihr nicht länger Fremde und ohne Bürgerrecht,
sondern ihr gehört zu den Gläubigen, zu Gottes Familie. Wir sind sein Haus,
das auf dem Fundament der Apostel und Propheten erbaut ist mit Christus Jesus selbst
als Eckstein. Dieser Eckstein fügt den ganzen Bau zu einem heiligen Tempel
für den Herrn zusammen. Durch Christus, den Eckstein, werdet auch ihr eingefügt
und zu einer Wohnung, in der Gott durch seinen Geist lebt.

Epheser 2,19-22

Suchen und finden

Nur nichts verpassen im Leben.
Nur nichts versäumen,
was wir haben wollten.
Nur keine Träume aufgeben,
auch wenn es nur Träume sind.
Nur nicht die Richtung verlieren,
auch wenn das Ziel verschwommen ist.

Mitten in einer Welt,
in der viele nicht wissen,
wohin sie gehen sollen,
mitten in einer Welt,
in der viele sich nach Wahrheit sehnen,
mitten in einer Welt,
in der viele das Leben suchen,
gibt es einen,
der dir verspricht:
Hier wirst du finden,
was du suchst.

Wenn's hart wird im Leben

Wenn dein Leben zum Stillstand gekommen ist und nichts mehr an gute Tage erinnert, wenn alle Freunde dich verlassen haben und der letzte noch nicht einmal die Tür zugemacht hat, was bleibt dann noch? Wenn der Klang der Stille sich in dein Herz bohrt und nur ein leises Echo erzeugt, das noch einmal daran erinnert, dass nichts mehr in deinem Leben übrig ist von dem, was dir einmal viel bedeutet und dich getragen hat; wenn dir die Kraft fehlt, das Leben irgendwie noch in eine neue Richtung zu bringen und du dich ohne jegliche Perspektive nur noch mit den Verlusten befasst ... Gibt es einen Ausweg aus den Sackgassen deines Lebens?

Er wurde Freund Gottes genannt – doch auf einmal war er nur noch Opfer. Bis zum heutigen Tag ist er der Namensgeber von negativen Nachrichten, den Hiobsbotschaften. Die Geschichte von Hiob steht im Alten Testament und gehört zu den eigenartigsten Geschichten der Bibel.

Hiob lebt mit Gott und hat sich niemals etwas zuschulden kommen lassen. Eines Tages schließt Satan mit Gott einen Handel ab. Er will versuchen, Hiob vom rechten Weg abzubringen. Doch Gott ist überzeugt davon, dass Hiob bei allem Leiden nicht seinen Glauben verlieren wird. Damit der Beweis angetreten werden kann, wird Hiob alles genommen, was er hat. Und „alles" bedeutete tatsächlich alles.

Wenn wir das Buch Hiob lesen, stellt sich direkt eine Frage: „Wo ist Gott?" Eine Frage, die auch in unserem Leben eine große Rolle spielen kann. Nach allen Tiefen, nachdem nichts mehr übrig ist, das Hiob noch verlieren kann, nimmt die Geschichte eine unverhoffte Wende. Am Ende des teilweise unmenschlichen Kampfes um das Leben und den Glauben kommt Hiob zu einer erstaunlichen Erkenntnis: „Bisher kannte ich dich nur vom Hörensagen, doch jetzt habe ich dich mit eigenen Augen gesehen" (Hiob 42,5).

Das Wichtigste ist aber, dass er etwas erlebt hat, was nach ihm noch viele andere Menschen zu allen Zeiten erlebt haben und was auch du erleben darfst: Es gibt einen Trost, den kein Mensch uns geben kann. Es gibt Worte, die uns niemand auf dieser Welt sagen kann. Es gibt einen Frieden, den wir uns selbst nicht geben können. Und es gibt eine Hand, die von oben kommt, und sanft und leise sagt eine Stimme: „Nimm meine Hand, ich helfe dir aufzustehen, und dann gehen wir den Weg gemeinsam weiter."

Dann sagte Jesus: „Kommt alle her zu mir,
die ihr müde seid und schwere Lasten tragt,
ich will euch Ruhe schenken."

Matthäus 11,28

Gefahren für die Geborgenheit

Die Geborgenheit, die du dir selbst aufgebaut hast, ist nicht ohne Gefahren. Nicht immer merkst du es sofort, denn oft ist es ein schleichender Prozess, der dich bedroht. Gott bietet dir Geborgenheit an, er möchte eine besondere Beziehung zu dir haben und dich mit seiner Liebe umgeben. Nichts kann dich von dieser Liebe trennen, aber du selbst kannst dich von ihr abwenden. Wenn du Gott den Rücken kehrst, wirst du nicht mehr sehen können, wie er ist und was er für dich bereithält.

Die gute Nachricht ist: Es gibt die Möglichkeit zur Umkehr. Es gibt immer einen Weg zurück. Gott wartet mit offenen Armen auf dich, darauf, dass du zu ihm zurückkehrst und dich ihm wieder ganz neu zuwendest. Und das Gefühl, das dich dann überkommt, ist unbeschreiblich. Es ist das Gefühl von wahrer Geborgenheit!

Sucht den Herrn, solange er sich finden lässt. Ruft zu ihm, solange er nahe ist.
Der Gottlose soll seinen Weg verlassen und der Übeltäter von seinen Plänen absehen!
Stattdessen soll er zum Herrn umkehren, damit er sich seiner erbarmt.
Ja, bekehrt euch zu unserem Gott, denn bei ihm ist viel Vergebung.
„Meine Gedanken sind nicht eure Gedanken", sagt der Herr, „und meine Wege sind nicht eure Wege.
Denn so viel der Himmel höher ist als die Erde, so viel höher stehen meine Wege
über euren Wegen und meine Gedanken über euren Gedanken."

Jesaja 55,6-9

Zur Ruhe kommen

Nur eine sanfte Berührung,
nur ein Flüstern ins Ohr.
Manchmal braucht es nur
einen kleinen Hauch,
um dir zu zeigen,
dass da jemand ist,
dem du nicht gleichgültig bist,
der sich um dich kümmert,
der möchte, dass es dir
wieder besser geht.

Ein kleiner Hauch
voll Zärtlichkeit und Liebe
in den Turbulenzen
deines kleinen Lebens.

Wie ein Vater,
wie eine Mutter,
wie ein Bruder,
wie eine Schwester,
so kümmert sich Gott
um dich –
und auch um mich.

Manche Wege gehen wir allein

Es gibt Wege, die du allein gehen musst. Es gibt Zeiten, in denen du dich einsam fühlst – und es auch bist. Selbst wenn du verheiratet bist und die Liebe deines Partners dir Sicherheit gibt, kannst du auf Probleme stoßen, die nur du allein lösen musst. Und da sind Entscheidungen, die nur du allein treffen kannst.
Es gibt Tage, an denen hilft es dir nicht, dass du gute Freunde hast, denn du fühlst dich trotzdem allein. Es gibt Fragen, auf die du selbst eine Antwort finden musst.
Wenn dich diese Erkenntnis erreicht, wie gehst du damit um? Führt es dich in die Verzweiflung, in die Unsicherheit? Wohin wendest du dich, wenn die Anforderungen so stark werden, dass sie dich fast zerreißen und du wirklich nicht mehr durchblickst und keinen Ausweg siehst? Wohin gehst du, wenn alle anderen schon gegangen sind?

In der Bibel lesen wir von einem, der dieses Gefühl des Alleinseins kannte. Er war König, aber nicht nur das, sondern darüber hinaus auch Künstler. Sein Leben bestand nicht nur aus Festen und Feiern oder Kämpfen und Schlachten, sondern aus sehr vielen Situationen, in denen er allein war. Seine Gefühle, Fragen und Ängste hat er in Form von Liedern niedergeschrieben – Liedern, die an den gerichtet waren, von dem er sich Hilfe und Schutz erhoffte: Gott. Der Liedermacher David hat in seinen Psalmen Aussagen getroffen, die auch dir heute gelten, weil sie zeigen, dass du einen großen Gott hast:

Er wird nicht zulassen, dass du stolperst und fällst; der dich behütet, schläft nicht!
Psalm 121,3

Wer im Schutz des Höchsten lebt, der findet Ruhe im Schatten des Allmächtigen.
Psalm 91,1

David konnte trotz aller Turbulenzen in seinem Leben ruhig schlafen, weil er wusste, wer auf ihn aufpasst:

Ich will mich in Frieden hinlegen und schlafen, denn du allein, Herr, gibst mir Geborgenheit.
Psalm 4,9

Wir haben einen Vater, der zur Höchstform aufläuft, wenn wir am Ende sind. Einen Vater, dessen Gnade am stärksten ist, wenn unsere Hingabe am schwächsten ist.

Max Lucado

Ich werde dich nie verlassen
und dich nicht aufgeben.

Josua 1,5b

Es wird für dich gesorgt

Sie ist an ihre äußerste Grenze gekommen, hat fast alles verloren. Ihr Mann ist gestorben und als alleinerziehende Mutter hat sie jetzt den Kampf aufgegeben. Was ist ihr Leben noch wert? Was ist ihr geblieben?
Nicht viel. Und so hat sie einen Entschluss gefasst: Eine Mahlzeit wird sie noch zubereiten – für ihren kleinen Sohn und sich. Und dann gibt es nur noch eine Lösung: den Tod. Das Leben hat tiefe Spuren hinterlassen, Wunden verursacht, die nicht heilen wollen. Mit dem Tod ihres Mannes ist ihr nicht nur die fürs Überleben wichtige Einnahmequelle verloren gegangen, sondern vor allem Sicherheit. Ihre Entscheidung, Schluss zu machen mit dem ganzen Unglück, ist getroffen. Und so legt sie für die Henkersmahlzeit das letzte Holzscheit aufs Feuer.
Gerade in diesem Moment kommt ein Mann und stellt Forderungen. Er will ihr diese letzte Mahlzeit streitig machen und äußert eine unverschämte Bitte: „Gib erst mir etwas zu essen, bevor du für dich und deinen Sohn etwas kochst."
Ihre Antwort ist unmissverständlich: „Ich habe nichts mehr, außer einer Handvoll Mehl im Topf und ein wenig Öl im Krug. Ich bereite etwas zu für meinen Jungen und mich – das wollen wir noch essen und dann wollen wir sterben."
Die Witwe von Sarepta lässt sich trotzdem auf die Bitte des Fremden ein, und sie gibt das Letzte, was sie hat – für den Propheten Elia ... und letztlich für Gott. Und ihre Hingabe wird belohnt: Der Mehltopf wird nicht leer, und der Ölkrug versiegt nicht bis zu dem Tag, an dem der Herr wieder Regen auf den Erdboden sendet (vgl. 1. Könige 17,10-16).
Versorgt mit dem, was sie zum Leben braucht. Nicht auf Vorrat, nicht im Überfluss, aber genau so viel, dass es ausreicht. Genug zum Leben.
An den Grenzen deines Leben darfst auch du erfahren: Wer gibt, dem wird gegeben. Und es reicht aus.

Wenn ihr für ihn lebt und das Reich Gottes
zu eurem wichtigsten Anliegen macht,
wird er euch jeden Tag geben, was ihr braucht.

Matthäus 6,33

Wie eine Mutter es nur kann

Als Inbegriff von Geborgenheit wird von den meisten Menschen der Mutterleib angesehen. Gut versorgt, beschützt, von Liebe umgeben, von zärtlichen Streicheleinheiten in freudiger Erwartung begleitet – so stellen sich die meisten Geborgenheit vor. Und sie haben recht damit.

Die Mutter spielt in diesem Zusammenhang auch später eine besonders große Rolle: Wenn du über Geborgenheit und über deine Kindheit nachdenkst, dann wird dir vielleicht ein Ort einfallen, der der Inbegriff für Geborgenheit ist: der Schoß deiner Mutter. Wie sicher warst du in ihren Armen?! Wie oft hast du Trost, Zuspruch, Verständnis und Ermutigung an diesem Platz erlebt?!
Wenn es mir als Kind schlecht ging, dann lief ich zu meiner Mutter. Von meinem Vater erhielt ich männliche Ratschläge, von meiner Mutter Liebe, Zärtlichkeit, Gefühl und Verständnis. Auf ihrem Schoß konnte ich mich nicht nur ausweinen, sondern ich konnte loslassen, entspannen, meinen Schmerz ausdrücken, meinen Frust loslassen. In diesen Momenten wusste ich: Jetzt kann dir nichts Schlimmes mehr passieren, denn du bist bei deiner Mutter.
Von meiner Mutter habe ich auch alles gelernt, was ich zum Leben brauchte. Sie hat mir beigebracht, die Schuhe zu binden, richtig zu essen und wie ich mich im Leben verhalten soll. Und immer gab es etwas, an dem ich nicht den leisesten Zweifel hatte: Ihre unendliche Liebe zu mir!
So wurde der Schoß meiner Mutter zu einem Ort, an dem ich wirklich zu Hause war. Einem Ort, an dem ich wirklich ich sein durfte. Es gab auch keine andere Möglichkeit, denn meine Mama durchschaute mich immer sofort und wusste zu jeder Zeit, wie es wirklich um mich stand.
Geborgenheit erfahren durch deine Mutter – Gott hat sich etwas dabei gedacht, weil er wusste, dass jeder Mensch seine Mutter braucht. Wenn ich Schutz brauche, dann ist Gott meine Burg. Wenn ich Trost brauche, dann ist er wie meine Mutter.

Wie Ungeborene von ihrer Mutter
sind auch wir ganz und gar von Gott umgeben.
Ohne ihn sehen oder beweisen zu können.

Hans-Jörg F. Karrenbrock

Ich selbst werde euch trösten,
wie eine Mutter ihr Kind tröstet.
Jesaja 66,13a

Geborgenheit im Letzten
gibt Gelassenheit im Vorletzten.

Romano Guardini

Das Geschenk des Lebens

Jeder Tag, den du erlebst, ist ein Geschenk.
Du hast ihn dir nicht verdient,
du kannst ihn nur entgegennehmen
und Gott Danke sagen.

Nicht immer müssen es Worte sein,
mit denen du das zum Ausdruck bringst.
Es können auch Taten sein,
mit denen du zeigst:
Es gibt einen, dem ich wichtig bin.
Es gibt einen, dem ich wertvoll bin.
Ich weiß, dass es einen gibt,
der auf mich achtet,
und egal,
ob ich feiere oder traurig bin,
ob ich singe und tanze oder stumm in einer Ecke stehe:
Gott zeigt mir liebevoll, dass er bei mir ist.
An jedem Tag, in jeder Stunde, in jeder Minute
und in jedem Augenblick.

Herr, deine Gnade ist so weit wie der Himmel
und deine Treue reicht so weit, wie die Wolken ziehen.

Psalm 36,6

Von kleinen und großen Geschichten

Vielleicht bist du auch schon mal an den Punkt gekommen, wo du dich selbst, deine Geschichte und deine aktuelle Situation nicht mehr verstehen konntest. Warum sind die Dinge so gelaufen, warum bist du nicht mehr auf der Sonnenseite, warum scheint das Glück dich verlassen zu haben? – Fragen, die sehr gut geeignet sind, das unsichere Gefühl zu stärken, dass es letzte Geborgenheit nicht gibt. Ich kenne solche Situationen sehr gut aus meinem eigenen Leben. Und ich weiß, wie diese Fragen und Gefühle mir die Stimmung vermiesen, mich runterziehen und auf ein negatives Abstellgleis schieben.

Es gibt Fragen, die mit „Warum" beginnen, auf die wir keine direkte Antwort finden können. Da helfen uns auch fromme Weisheiten nicht weiter, die uns erklären wollen, dass wir das „Warum" in „Wozu" ändern sollen, um zu verstehen. Ich habe erkannt, dass ich dann trotzdem noch nicht verstehe ...

Aber ich habe noch etwas erkannt: Die Geschichte der Welt ist weitaus größer als meine eigene kleine Geschichte. Ich brauche eine große Geschichte, um meine kleine Geschichte besser zu verstehen. Meine eigene Geschichte ist Teil einer großen Geschichte, die Gott selbst schreibt. Gott hat nicht nur die Welten und das Universum geschaffen, sondern auch mich. Und er hat versprochen, dass meine Lebensgeschichte immer Teil seiner großen Geschichte bleiben wird und dass er auch in meinem Leben schreiben will – genau wie in deinem.

Diese Geschichte muss erzählt werden: Gott kümmert sich um dich. Er weiß, wie deine Geschichte verlaufen wird – und er hat dein Bestes im Blick. Er ist ein Gott der Hoffnung. Das gibt dir Geborgenheit – und deine Lebensgeschichte geht weiter.

Nur bei Gott komme ich zur Ruhe;
er allein gibt mir Hoffnung.

Psalm 62,6

Lebenswanderung

Auch wenn die Schuhe,
die du heute trägst,
noch viel zu groß sind,
so kannst du sicher sein:

Irgendwann werden sie
dir passen, als seien
sie nur für dich gemacht.
Und dann kannst du
laufen, laufen, laufen
und in jede Richtung
gehen, wohin du auch möchtest.

Und sollten dich
irgendwann unterwegs
mal die Schuhe drücken,
dann hält Gott ein
weiteres Paar für
dich bereit.
Ein Paar, das passt,
weil es nur für dich
gemacht wurde.

Ich halte mich nah zu dir,
denn deine rechte Hand hält mich sicher.

Psalm 63,9

Wenn Gott schweigt …

Was verbindest du mit Geborgenheit? Fühlst du manchmal auch das Loch in der Seele, das Vakuum in dir, den Wunsch, mehr vom Leben zu haben, als du bisher erlebt hast?
Vielleicht gehst du gerade durch schwierige Zeiten und du hast viele Fragen an Gott. Aber die Antworten lassen auf sich warten. Warum schweigt Gott, wenn wir mit beiden Fäusten an seine Tür pochen und unsere Fragen dann frustriert in seinen Briefkasten stopfen?
Manchmal gleichen wir einem Kind, das mit einem Problem aufgeregt zu seinem Vater läuft, aber bevor er seine Antwort so formulieren kann, dass das Kind sie auch versteht, sind wir schon wieder in ein Spiel vertieft oder beschäftigen uns mit anderen Dingen.
Für mich ist es beruhigend zu wissen, dass ich nicht alles in meinem Leben verstehen kann und auch nicht alles verstehen muss. Ich habe einen liebenden Vater, der mir manchmal nur einfach nur sagt:

Hab keine Angst und verliere nicht den Mut,
denn der Herr selbst wird vor dir hergehen.
Er wird bei dir sein. Er wird sich nicht von dir zurückziehen
und dich nicht im Stich lassen.

5. Mose 31,8

Du kannst sicher sein:
Ich liebe dich.
Du kannst sicher sein:
Ich höre dich.
Du kannst sicher sein:
Ich weiß, wie es dir geht.
Du kannst sicher sein:
Ich vergesse dich nicht.
Doch nicht immer
kann ich dir geben,
was du haben möchtest.
Nicht immer
erfülle ich dir alle Wünsche.
Aber immer
bin ich für dich da.
Höre dir zu.
Und das reicht aus
für den Augenblick.

Ich kann warten, weil ich weiß,
dass mir nichts wirklich schaden kann,
weil Gott mich im Blick hat
und mich umsorgt.

Ein besonderer Platz für dich

Der Herr ist dein Hirte, er lässt es nicht zu, dass es dir an etwas mangelt. Er zeigt dir die besten Plätze und führt dich zu frischen Quellen.
Er sorgt dafür, dass du neue Kräfte bekommst, wenn deine eigenen am Ende sind, und er zeigt dir, wo du langgehen musst, wenn dir die Orientierung fehlt.
Du brauchst dich nicht zu fürchten, wenn es eng wird, denn seine starke Hand hält dich auch dann, wenn du abzustürzen drohst. Er geht an deiner Seite, auch wenn es gefährlich wird.
Er schenkt dir Mut und Zuversicht, wenn andere dir Böses wollen. Er sorgt für dich, damit du immer genug hast für den nächsten Schritt.
Und selbst wenn du dich von Menschen bedroht fühlst, weil sie dir wie Feinde begegnen, hast du bei ihm einen Zufluchtsort, an dem du sicher bist.
Er gießt ein großes Füllhorn über dir aus mit Segen. Du kannst ein wohlriechendes Bad nehmen mit Öl, das du nirgendwo kaufen kannst.
Er hält dir einen Platz in seiner Nähe frei. Hier kannst du aufatmen, ausruhen, auftanken, und jederzeit mit ihm zusammen sein.

Nach Psalm 23

Wissen, wo wir Antworten finden

Kann ja mal vorkommen. Da hast du dich über einen langen Zeitraum auf jemanden verlassen und auf einmal wirst du von Zweifeln geplagt: Findest du bei diesem Menschen wirklich das, was du suchst? Bist du noch auf dem richtigen Weg? Was bleibt, wenn die Euphorie dich verlassen hat? Besonders tragisch ist es, wenn dein Fundament betroffen ist und durch deine Zweifel Risse bekommt.
Viele Menschen sind Jesus gefolgt. Ihre Motive waren sehr unterschiedlich. Fasziniert und begeistert, abwartend und vorsichtig, euphorisch und doch gleichzeitig etwas befremdet waren sie mit ihm unterwegs, haben gehört, was er sagte, und gesehen, was er tat. Kraftvolle Worte haben sie gehört und steile Aussagen wie zum Beispiel: „Ich bin das Brot des Lebens. Wer zu mir kommt, wird nie wieder hungern. Wer an mich glaubt, wird nie wieder Durst haben" (Johannes 6,35).

Sie hatten schon einiges mit diesem „Wundermann" erlebt. Aber nun reichte es: „Jetzt ist es genug! Wir brauchen das nicht mehr!", sagten sie und verweigerten die Gefolgschaft. Einige wandten sich sogar offen gegen ihn.
Und Jesus fragte seine engsten Vertrauten, wie sie sich verhalten wollten. Seine Frage traf sie mitten ins Herz und keiner konnte unbeteiligt bleiben. „Werdet ihr auch weggehen?", wollte er wissen. Ein Bekenntnis wurde von ihnen erwartet, eine Versicherung, eine Bestätigung, dass er sich auch in Zukunft auf jeden Einzelnen verlassen kann: „Willst du auch weggehen?"

Petrus war der Erste, der die nachdenkliche Stille durchbrach: „Herr, zu wem sollten wir gehen? Nur du hast Worte, die ewiges Leben schenken" (Johannes 6,68).

Denn es gibt nur einen Gott und nur einen Vermittler zwischen Gott und den Menschen: Das ist Christus Jesus, der Mensch geworden ist.

1. Timotheus 2,5

In ihm allein gibt es Erlösung! Im ganzen Himmel gibt es keinen anderen Namen, den die Menschen anrufen können, um errettet zu werden.“

Apostelgeschichte 4,12

… weil er dir Wegbegleiter gibt

Was du bist, bist du nicht alleine geworden. Gott hat dir Menschen an die Seite gestellt, die dich begleitet haben, dir beigestanden haben, wenn es mal eng geworden ist, dich gefördert haben, wo du Hilfe brauchtest. Sie haben dich ermutigt, dir etwas beigebracht, dir zugehört, dich vielleicht sogar manchmal ermahnt, ins Nachdenken gebracht oder sogar hart kritisiert.

Wunderbare Menschen haben dich auf deinem bisherigen Weg begleitet: deine Eltern, deine Familie, deine Verwandten, deine Freunde, gute Kolleginnen und Kollegen.

Alle haben sie dazu beigetragen, dir das Gefühl von Sicherheit und Geborgenheit zu geben. Vergiss nicht, wer dich bis hierher begleitet hat. Menschen, die dir auch in Zukunft Geborgenheit vermitteln können. Menschen, mit denen du auch in Zukunft Feste feiern kannst, unbeschwert zusammen sein kannst oder dich ihnen anvertrauen kannst.

Du bist nicht allein. Gott schenkt dir Menschen, die dich mögen. Er schenkt dir Freunde, mit denen du das Leben teilen kannst. Jeder von uns braucht den anderen, um Mensch zu sein. So können wir aufeinander zugehen, miteinander reden, gemeinsam unterwegs sein und das Leben miteinander teilen.

Vor allem, wenn es durch lange Täler geht, kannst du erleben, wie schön es ist, wenn andere dich ermutigen und mit dir gehen, dich aufheitern, für dich und deine Situation beten – und ab und zu auch mal deinen Rucksack tragen.

Euer Leben soll von Liebe geprägt sein,
wie auch Christus uns geliebt hat, denn er hat sich selbst
als Gabe und Opfer für unsere Sünden gegeben.
Und Gott hatte Gefallen an diesem Opfer,
das wie ein wohlriechender Duft zu ihm aufstieg.

Epheser 5,2

Perlen am Strand

Die Liebe ist ein Geheimnis, das sich immer wieder in neuen Formen versteckt.
Die Liebe ist ein Geheimnis, das entdeckt werden will.
Die Liebe ist ein Geheimnis, das wir gemeinsam erfahren können.
Die Liebe ist ein Geheimnis, das nur der entschlüsselt, der nicht erschreckt, wenn sie von ihm Besitz ergreift.
Und gerade wenn du denkst, jetzt hättest du die Lösung gefunden, gibt sie dir neue Rätsel auf.

Wer Perlen finden will, muss an den richtigen Stellen suchen. Es gibt diese kostbaren Augenblicke, in denen du sie zufällig in irgendeiner Bucht des Lebens entdeckst. Aber für die meisten musst du tief tauchen. Warum? Weil erst in den Tiefen des Lebens die wahre Schönheit der Liebe sich entfalten kann.

Liebe, die alles zusammenhält

Liebe. Mehr als eine Laune oder ein wechselnder Wind. Mehr als ein schönes Gefühl oder eine Brücke zum nächsten Lebensabschnitt. Mehr als ein Leuchtturm im Nebel, das rettende Ufer im Sturm, die Verbindung zwischen dir und mir, die Salbe, die Wunden heilt.

Durch sie wurde die Erde erschaffen und das Leben erfunden. Sie ist die Basis für alles. Wollte ich sie beschreiben, so fehlten mir schnell die Worte dafür.

Sie hilft uns immer wieder aufzustehen oder treibt uns weiterzugehen. Wenn dunkle Abende die Sinne eintrüben und dunkle Gedanken das Herz beschweren. Wenn Einsamkeit sich ausbreitet wie Nebelschwaden und uns die Sicht auf das Gute nimmt – dann bringt sie das Licht und die Freude in unser Leben zurück.

Sie kann Mauern sprengen, Brücken bauen, sie besiegt den Hass und stiftet Frieden, sie glaubt alles, versucht alles, vertraut, baut auf, ermutigt, gibt Schutz – und sie hat die Macht, Situationen, Menschen, Herzen und Gedanken zum Positiven zu wenden.

Sie deckt die Fehler auf und wieder zu. Sie hält Spannungen aus und löst sie auf. Sie wartet geduldig und wird selbst aktiv. Sie setzt in Bewegung und bringt zur Ruhe. Und sie will dich erfüllen. Ganz und gar. Von Kopf bis Fuß. Sie will in deinem Herzen wohnen und im Kreislauf deines Lebens die entscheidende Rolle spielen: als Lebenselixier, als Medizin, als Aufputschmittel, als Beruhigungsextrakt. Es ist die Liebe, die alles zusammenhält – und dadurch Geborgenheit schafft.

Liebe ist alles – und ohne sie ist alles nichts. Und sie steht jederzeit bereit: für dich und für mich.

Und ich bete, dass Christus durch den Glauben immer mehr in euren Herzen wohnt
und ihr in der Liebe Gottes fest verwurzelt und gegründet seid.
So könnt ihr mit allen Gläubigen das ganze Ausmaß seiner Liebe erkennen.
Und ihr könnt auch die Liebe erkennen, die Christus zu uns hat; eine Liebe,
die größer ist, als ihr je begreifen werdet.
Dadurch wird euch der Reichtum Gottes immer mehr erfüllen.

Epheser 3, 17-19

Frei wie ein Vogel im Wind

Sie lauern ganz in deiner Nähe, stellen sich hinter die Ecke und fallen dich gerade in dem Moment an, in dem du sie überhaupt nicht gebrauchen kannst. Sie können dir das Leben so richtig vermiesen, und wenn du erst einmal von ihnen in Beschlag genommen bist, fällt es schwer, wieder von ihnen loszukommen: die Sorgen.
Es gibt nur sehr wenige Menschen, die völlig sorglos in den Tag leben können. Christen gehören nicht gerade zu dieser Gruppe. Wie anders soll man es verstehen, dass in der Bibel an mehreren Stellen die Sorgen angesprochen werden. Wenn man dann noch das Bild anschaut, das manche Christen abgeben, merkt man schnell, dass Theorie („Sorget nicht ...") und Praxis („Aber so ein bisschen kann nicht schaden") sehr weit auseinander liegen.
Du kannst nicht verhindern, dass Sorgen dich von Zeit zu Zeit anfallen wie ein bissiger Hund. Aber es ist deine Entscheidung, was du mit den Sorgen machst. Manchmal denkst du vielleicht, du müsstest dich um dich selbst sorgen, weil kein anderer es tut. Aber das ist falsch. Genau das Gegenteil stimmt: Je weniger wir uns um unser Leben Sorgen machen, desto mehr erfahren wir, wie für uns gesorgt wird!

Kommt alle her zu mir,
die ihr müde seid
und schwer Lasten tragt,
ich will euch Ruhe schenken.

Matthäus 11,28

Jesus bietet dir an, deine Sorgen bei ihm loszuwerden. Und er vergleicht es mit Beispielen aus der Natur:

Darum sage ich euch: Sorgt euch nicht um euer tägliches Leben – darum, ob ihr genug zu essen, zu trinken und anzuziehen habt. Besteht das Leben nicht aus mehr als nur aus Essen und Kleidung? Schaut die Vögel an. Sie müssen weder säen noch ernten noch Vorräte ansammeln, denn euer himmlischer Vater sorgt für sie. Und ihr seid ihm doch viel wichtiger als sie. Können all eure Sorgen euer Leben auch nur um einen einzigen Augenblick verlängern? Nein.
Und warum sorgt ihr euch um eure Kleider? Schaut die Lilien an und wie sie wachsen. Sie arbeiten nicht und nähen sich keine Kleider. Trotzdem war selbst König Salomo in seiner ganzen Pracht nicht so herrlich gekleidet wie sie.
Wenn sich Gott so wunderbar um die Blumen kümmert, die heute aufblühen und schon morgen wieder verwelkt sind, wie viel mehr kümmert er sich dann um euch? Euer Glaube ist so klein!
Hört auf, euch Sorgen zu machen um euer Essen und Trinken oder um eure Kleidung. Warum wollt ihr leben wie die Menschen, die Gott nicht kennen und diese Dinge so wichtig nehmen? Euer himmlischer Vater kennt eure Bedürfnisse (Matthäus 6,25-32).

Und wenn dich dann doch mal wieder der Hund angefallen und eine Wunde gerissen hat? Dann darfst du sicher sein, dass Gott sie heilt und dich davor bewahrt, dich in Sorgen zu verstricken.

Eingehüllt in die
schützenden Hände Gottes
sind wir geborgen.

Ernst Ferstl

Lernen von Paul …

Das hätte er sich niemals träumen lassen, dass sein Name vierhundert Jahre nach seinem Tod noch bekannt ist. Er wurde als zweites von vier Kindern geboren. Seine Vorfahren betrieben eine Gastwirtschaft, sein Vater engagierte sich politisch, war sogar mal eine Zeit lang Bürgermeister. Seiner Familie ging es sehr schlecht, denn wie viele andere hatte sie unter den Folgen des Dreißigjährigen Krieges zu leiden. Hunger, Seuchen, Übergriffe von Soldaten, Krieg und Terror.

Er hatte Talent und machte etwas daraus. Er wurde Lehrer, Theologe und Dichter. Schließlich arbeitete er als Pfarrer. Sein Leben war kein Zuckerschlecken. Er heiratete Anna Maria, und sie bekamen fünf Kinder, von denen vier sehr bald starben. Auch Anna Maria starb viel zu früh. Der Tod war ein ständiger Begleiter im Leben von Paul, der heute in einem Atemzug mit Martin Luther oder Johann Sebastian Bach genannt wird. Paul Gerhardt ist einer der bekanntesten Liederdichter der Christenheit.

Trotz aller negativen Erlebnisse ziehen sich die Begriffe „Vertrauen haben" und „Fallen lassen" wie ein roter Faden durch das Leben Paul Gerhardts. Mehr als 130 Liedtexte stammen aus seiner Feder. Einer der bekanntesten hat mit Geborgenheit zu tun:

Befiehl du deine Wege (Auszug)

Befiehl du deine Wege
Und was dein Herze kränkt,
Der allertreusten Pflege
Des, der den Himmel lenkt!
Der Wolken, Luft und Winden
Gibt Wege, Lauf und Bahn,
Der wird auch Wege finden,
Da dein Fuß gehen kann.

Dem Herren mußt du trauen,
Wenn dir's soll wohlergehn;
Auf sein Werk musst du schauen,
Wenn dein Werk soll bestehn.
Mit Sorgen und mit Grämen
Und mit selbsteigner Pein
Lässt Gott sich gar nichts nehmen,
Es muss erbeten sein.

Hoff, o du arme Seele,
Hoff und sei unverzagt!
Gott wird dich aus der Höhle,
Da dich der Kummer plagt,
Mit großen Gnaden rücken;
Erwarte nur die Zeit,
So wirst du schon erblicken
Die Sonn' der schönsten Freud'.

Mach End', o Herr, mach Ende
Mit aller unsrer Not,
Stärk unsre Füß' und Hände
Und laß bis in den Tod
Uns allzeit deiner Pflege
Und Treu' empfohlen sein,
So gehen unsre Wege
Gewiß zum Himmel ein.

… und die Sehnsucht wird gestillt

Was hat sie in ihrem Leben eigentlich gesucht? Waren es Abenteuer und Abwechslung? Waren es Sicherheit und Geborgenheit? Liebe, Anerkennung, soziale Absicherung oder gesellschaftliche Anerkennung? Abwechslung für das öde Leben in der Einsamkeit? Egal, was ihre Beweggründe waren und welche Erlebnisse dazu geführt haben – sie war an einem Punkt, an dem sie vor sich selbst zugeben musste, dass sie nicht das gefunden hatte, was sie eigentlich suchte. In ihrem Leben hatte es viele Männer gegeben. Fünfmal war sie verheiratet. Zurzeit lebte sie mit einem Lebensabschnittspartner zusammen. In ihren Beziehungen war sie nicht glücklich geworden und nun begegnete sie einem besonderen Menschen: einem Mann …

Doch irgendwie war er anders. Er strahlte Vertrauenswürdigkeit aus, schien ihr Innerstes zu verstehen, und offensichtlich erkannte er sofort ihre tiefe Sehnsucht nach Geborgenheit, nach dem Gefühl, endlich angekommen zu sein, nach einem festen Halt im Leben, nach etwas, das dauerhaft ist.

Es war ein ungewöhnlicher Zeitpunkt an diesem Tag in der glühenden Mittagshitze an einem Brunnen vor den Stadtmauern. Es ging um wichtige Fragen: „Was macht uns wirklich satt? Was kann unseren Lebensdurst stillen?" Und dann fällt ein Satz, der das Leben dieser Frau auf den Kopf stellt: „Wenn du wüsstest, was Gott dir geben will (…), würdest du mich um das Wasser bitten, das du wirklich zum Leben brauchst" (Johannes 4,10).

Auf einmal ist es ihr klar: Wasser, das keinen faden Beigeschmack hat oder sogar abgestanden und faul schmeckt – genau das braucht sie. Doch sie hat bisher an der falschen Stelle gesucht. Ihre Erfahrungen sind nicht gerade sehr ermutigend, denn sie spürt, dass sie trotz der wechselnden Beziehungen immer allein geblieben ist. Und nun erkennt sie: Zu viele sind durch ihr Leben gegangen und haben Spuren hinterlassen. Und letztlich hat sie nicht das gefunden, was sie immer gesucht hat.

Jesus bietet ihr keinen Eimer mit abgestandenem Wasser an, sondern eine nicht versiegende Quelle. Der alte Trott kann durchbrochen werden. Was Jesus gibt, macht wirklich satt. Und schließlich gelangt diese Frau zu einer wichtigen Erkenntnis: Es gibt eine Quelle, die nie versiegt. Du musst nur an der richtigen Stelle suchen.

Ich bin der Weg, die Wahrheit und das Leben.

Johannes 14,6

*Denn du bist
die Quelle des Lebens
und das Licht,
durch das wir leben.*

Psalm 36,10

Du kannst dich fallen lassen

Du kannst dich fallen lassen
und völlig entspannt
einfach sein, wer du bist,
gerade wo du bist.

Du kannst dich fallen lassen
in seine starken Arme,
denn sie tragen dich durch
wo du selbst nicht mehr gehen kannst.

Du kannst dich fallen lassen
in seine starken Arme,
denn sie fangen dich auf,
egal, wie hoch du jetzt noch stehst.

Du kannst dich fallen lassen
in seine starken Arme,
wenn du in Bedrängnis bist,
wenn du ganz am Rande stehst,
nur einen Schritt vor dem Abgrund,
kannst du dich fallen lassen,
denn in seinen Armen
bist du zu Hause,
darfst du es sein.

Du kannst dich fallen lassen
und darfst endlich loslassen,
was dich ohnehin nicht hält,
weil es brüchig geworden ist,
weil es nicht mehr tragfähig ist,
weil es nicht vertrauenswürdig ist.

Du kannst dich fallen lassen.
Kannst du nicht?
Doch, kannst du!

Bei dir zu Hause sein

Ich freue mich, einmal ganz bei ihm zu sein. Ich freue mich, ihn von Angesicht zu Angesicht zu sehen und mit ihm reden zu können. Er hat versprochen, dass es einen Platz für mich gibt. Er hat versprochen, dass alles gut vorbereitet ist. Er hat versprochen, dass er mich in Empfang nehmen wird und ich ihn sofort erkennen werde.

Und es wird alles so sein, wie es von Anfang an gedacht war. Kein Leid, keine Tränen (vielleicht höchstens Freudentränen) und keine Krankheit. Keine Unstimmigkeiten zwischen den Bewohnern. Kein Konkurrenzdenken mehr, wer den schöneren Rasen, das schönere Auto, das bessere Gehalt hat.

Wir werden zusammen sein und lachen. Wir werden uns freuen, miteinander wirklich angekommen zu sein. An dem Ort, an dem alles begann. Einem Ort voller Verständnis, Liebe, Zärtlichkeit. Und ich werde mich gar nicht sattsehen können an der vollkommenen Schönheit, die dieser Ort ausstrahlt.

Ich freue mich, über Blumenwiesen zu schlendern und ihre Schönheit zu bejubeln. Und erst das Haus! Ich erwarte, dass es sehr groß und stabil ist. Es steht auf Pfeilern der Wirklichkeit und der Liebe. Unumstößlich, nicht in Gefahr, einfach standfest. Es gibt keinen Mangel, keine Fehler und es besteht kein Grund zur Sorge – auch nicht zur Vorsorge. Keine Feuerversicherung, kein Wasserschaden wird den Wert vermindern, Renovierung brauchen wir nicht – es ist alles perfekt.

Die Tür ist immer offen, die Fenster nie verschlossen. Keine Diebe, keine Angst und Sorge, keine Fragen mehr, ob ich alles abgeschlossen oder vielleicht den Schlüssel vergessen habe. Alles nicht mehr notwendig, weil es der Ort ist, den Gott für uns vorgesehen hat.

Freude, Lachen, Festlichkeit. Die Traurigkeit hat ein Ende, das Vergängliche hat sich in Ewiges verwandelt. Wiedersehensfreude mit vielen Freunden und Bekannten. Ich freue mich, meine Lieben in die Arme schließen zu dürfen und gemeinsam mit ihnen und mit vielen anderen das Fest der Feste zu feiern. Mein Herz wird rein, hell und liebevoll sein. Im Einklang mit der Schöpfung und dem Schöpfer werde ich erleben, was ich immer schon erleben wollte: Geborgenheit für immer. In alle Ewigkeit!

Es gibt viele Wohnungen
im Haus meines Vaters,
und ich gehe voraus,
um euch einen Platz vorzubereiten.

Johannes 14,2a